Félix Vidalin

La Marine et l'Agriculture

Essai

 Le code de la propriété intellectuelle du 1er juillet 1992 interdit en effet expressément la photocopie à usage collectif sans autorisation des ayants droit. Or, cette pratique s'est généralisée dans les établissements d'enseignement supérieur, provoquant une baisse brutale des achats de livres et de revues, au point que la possibilité même pour les auteurs de créer des œuvres nouvelles et de les faire éditer correctement est aujourd'hui menacée. En application de la loi du 11 mars 1957, il est interdit de reproduire intégralement ou partiellement le présent ouvrage, sur quelque support que ce soit, sans autorisation de l'Éditeur ou du Centre Français d'Exploitation du Droit de Copie , 20, rue Grands Augustins, 75006 Paris.

ISBN : 978-1978273610

10 9 8 7 6 5 4 3 2 1

Félix Vidalin

La Marine et l'Agriculture

Essai

Table de Matières

Introduction	6
Section I	8
Section II	20
Section III	26

IMPORTANCE DES PRODUITS AGRICOLES DANS LE FRET DE NOTRE MARINE MARCHANDE.

Introduction

Quiconque a visité l'un de nos ports de mer, le Havre, Marseille ou Bordeaux, aura été frappé de l'activité prodigieuse qui règne sur les quais et dans les bassins; mais, cette première impression de surprise dissipée, il est, dans ce mouvement si confus de marchandises de tous les pays, manœuvrées par des gens de toutes les nations, un fait qui n'échappe pas à l'observateur attentif : c'est le peu de volume des choses exportées relativement à la masse considérable de celles qu'on importe. On hisse de la profondeur des cales du sucre, du café, des tonnes d'indigo, des balles énormes de coton et de laine; on en extrait des monceaux de houille, des provisions de blé; on en retire, par des ouvertures latérales, du fer, des planches, des arbres entiers; mais on y descend à peine quelques tonneaux de vin ou d'eau-de-vie, des ballots peu volumineux de tissus avec un petit nombre de caisses contenant les produits de nos raffineries, de nos fabriques ou de nos ateliers. Bref, les navires quittent nos ports plus légers qu'ils n'y sont arrivés. Les documents que la douane publie chaque année sur notre commerce n'attestent que trop clairement ce fait. En 1857, par exemple, 1,321 navires sont sortis sur lest du Havre; c'est plus de la moitié du nombre total des navires partis de ce port. Parmi les bâtiments désignés comme pourvus d'une cargaison, beaucoup n'étaient certainement chargés qu'à moitié, au tiers, au quart, tandis que, sur 2,521 navires arrivés la même année, 36 seulement se sont présentés à vide. A Marseille, à Bordeaux, dans nos autres ports, la proportion des navires partant sur lest n'est pas moins considérable. Plus faibles en volume, nos exportations sont toutefois supérieures en valeur. Ainsi en 1857 elles ont atteint un chiffre de 2,357 millions, excédant de 123 millions celui des importations, et cette différence tend à augmenter chaque année. Cette contradiction n'est qu'apparente. Nous recevons en grande quantité des matières premières brutes; nous les travaillons, nous les réduisons en leur donnant une certaine forme, puis nous les exportons : la plus-value de l'exportation représente le prix du travail.

Ainsi ordonnée, la circulation maritime semble de prime abord s'opérer dans les conditions les plus naturelles et les plus favorables à notre production et à notre consommation. Cependant il faut tenir compte des pertes énormes que produisent ces trop nombreux voyages de navires vides. Les dépenses des traversées sur lest doivent être forcément prélevées sur les bénéfices des traversées en cargaison ; il en résulte une augmentation fâcheuse dans le prix du transport des matières que nous recevons. La distance des lieux d'où elles proviennent est en quelque sorte doublée. Le navire parti à vide de nos ports pour y ramener du coton de l'Amérique, située à quatorze cents lieues de nos côtes, va le chercher en réalité à une distance double, puisqu'il se fait payer les frais d'une route de deux fois quatorze cents lieues. La marine est d'abord atteinte dans ses bénéfices nets, que le lest diminue singulièrement. Le commerce s'en ressent par l'augmentation forcée du fret. Enfin la perte retombe sur les consommateurs, c'est-à-dire sur la nation tout entière. Pour remédier à cette répartition vicieuse des transports par mer, il faudrait accroître nos ventes à l'extérieur, par suite augmenter notre production; mais le travail industriel, malgré ses développements et ses progrès, ne pourra jamais alimenter suffisamment la marine. Les produits qu'il fournit ont un volume relativement restreint, et ils trouvent sur les marchés étrangers une active concurrence. Puis une industrie qui fournit chez d'autres peuples un tonnage si considérable à la marine, l'industrie des mines, est peu développée chez nous : nos extractions ne suffisent même pas à notre propre consommation.

Plus importante que notre industrie manufacturière, répandue sur un théâtre plus vaste, où elle emploie un nombre triple de bras, l'agriculture a été jusqu'à ce jour tout aussi impuissante à fournir un fret abondant à l'exportation. Cependant, en beaucoup de pays, elle lui imprime un grand élan d'activité. Ainsi la culture du coton vaut pour la marine américaine toutes les mines et toutes les manufactures de l'Angleterre. Ailleurs la production du thé a fait de la Chine le centre d'importantes affaires commerciales. L'Australie alimente une navigation active par ses laines. Les navires d'autres pays trouvent de grandes ressources dans les produits du sol, dans le tabac, la soie, le sucre, le café. Notre marine, elle aussi, ne devrait-elle pas affréter en partie ses bâtiments avec l'excédent, de nos propres récoltes, pour les expédier vers les pays qui sont en déficit permanent de blé, ou qui ont assez d'aisance pour nous acheter chèrement nos vins? C'est le désir de nos marins, c'est le vœu ardent de nos cultivateurs, qui, découragés par l'avilissement actuel des denrées, demandent qu'en récompense de leurs efforts pour accroître la production, la liberté de vente à l'extérieur leur soit désormais garantie. Un débit régulier est d'ailleurs pour le consommateur lui-même le vrai, le seul gage d'abondance. Ce sera donc répondre à une préoccupation générale depuis quelques années que de constater la part afférente à la production agricole dans les transports par mer, d'appeler l'attention sur les mesures qui contribueraient efficacement à l'augmenter, d'étudier en un mot les rapports de ces deux nobles et grandes industries, l'agriculture et la marine.

Section I

Les produits agricoles peuvent se ramener à quatre classes de substances alimentaires dont nous allons successivement considérer l'importance dans les transports par mer, en les prenant dans l'ordre suivant: les céréales, — le vin, — les animaux et les matières de provenance animale, — enfin les légumes et les fruits.

Peu de pays sont également aptes à cette quadruple production ; le nôtre est des plus favorisés sous ce rapport. Les céréales y ont le premier rôle (qu'elles sont destinées à céder aux produits de nature animale), si bien que lorsqu'on craint la disette, ou que l'on espère l'abondance, chacun comprend que c'est du blé qu'il s'agit. Pour bien nous rendre compte du commerce des céréales, de ce que nos voisins peuvent nous vendre ou nous acheter, il est bon d'entrer dans quelques détails sur les ressources ou les besoins de chacun.

En Angleterre, la population s'est tellement accrue relativement à l'étendue du sol que la production n'y peut plus suffire à la consommation, malgré les incomparables progrès qu'elle a réalisés, progrès dont nos lecteurs connaissent l'attrayant tableau;[1]

[1] Voyez dans la *Revue* les études de M. Léonce de Lavergne sur *l'Economie rurale en Angleterre*, notamment celle du 1er mars 1857.

je rappellerai seulement que la culture y vise autant à l'économie de la main-d'œuvre qu'à l'accroissement de la production. Cette tendance et l'augmentation rapide de la population industrielle contribueront à maintenir l'Angleterre dans un déficit de récolte sans cesse croissant. Les mêmes causes, bien qu'à un degré moindre, rendent aussi le déficit des récoltes très fréquent en Belgique, en Hollande et en Suisse.

Les conditions sont différentes en Italie et en Espagne, et cependant le résultat est le même; la population est faible comparativement à la superficie. Le sol devrait produire régulièrement au-delà de la consommation intérieure; mais la population se trouve répartie trop inégalement entre la ville et la campagne; la terre est peu et mal cultivée. Ces pays sont et resteront longtemps encore exposés à des déficits accidentels, mais fréquents, et lorsqu'ils pourront fournir des céréales à l'exportation, ils ne le feront jamais que dans une proportion peu appréciable.

L'Allemagne comprend des états si étendus, si divers, mais si également laborieux, que d'ordinaire sa production suffit à ses besoins; s'il se déclare quelque déficit en un point, les secours des états confédérés suffisent pour le combler. Lorsqu'elle possède un excédant, elle l'expédie en Angleterre par la voie maritime. Elle exporte plus volontiers par ses frontières de terre des animaux de boucherie, surtout des chevaux qui, pendant longtemps, ont joui comme carrossiers d'une vogue que nos meilleures races, embellies pour les formes, mais non pas toujours améliorées quant au fond par le croisement anglais, tendent à leur faire perdre chaque jour. Traitant le progrès agricole avec leur froide sagesse, les Allemands n'avancent que lentement, surtout dans les pays épuisés par l'émigration ; ils attendent presque partout les institutions de liberté et d'égalité qui fécondent si miraculeusement le sol. L'Allemagne est donc destinée à rester longtemps encore dans un état intermédiaire, sans grands besoins, mais sans grandes ressources.

Il faut aller jusqu'en Russie pour trouver un pays producteur par excellence, grâce à l'étendue considérable du territoire relativement à la population. L'immense plaine qui forme tout l'empire est une alluvion naturellement fertile, quoique manquant d'eau; elle a conservé jusqu'ici une partie de cette fertilité première par le long repos qui succède à chaque récolte. Faute de bras néanmoins, et surtout de bras libres, la culture est fort négligée; le rendement est médiocre, mais l'espace sauve tout. Comme le prix de la main-d'œuvre est peu élevé, que la rente de la terre est assez faible, la production est non-seulement abondante, mais peu coûteuse. Cependant, lorsqu'il s'agit de transporter ces récoltes dans les pays situés à l'ouest de l'Europe, la distance est un obstacle qui tend à mettre les prix des produits russes en équilibre avec ceux des marchés vers lesquels on les expédie. Il peut même arriver, comme nous en avons depuis plusieurs mois la preuve, que le blé soit coté plus cher à Odessa, à Riga ou à Dantzig, qu'à Marseille, à Londres ou Anvers. Que les départs aient lieu de la Mer-Noire ou de la Baltique, le trajet maritime est long et la navigation des navires à voiles fort lente à travers les détroits et les archipels; mais les plus grandes difficultés proviennent des transports par terre. Il y a peu de canaux; les fleuves, gelés une grande partie de l'année, manquent d'eau en été. Il n'y a pas de routes, et cependant les charrois y sont plus commodes qu'en beaucoup de pays, qu'en France par exemple, grâce au traînage en hiver, qui est une véritable navigation sur une mer de glace. La grande ligne de chemin de fer qui traversera l'empire du nord au sud remédiera en partie aux inconvénients de l'interruption que le dégel apporte dans le traînage, sauf à être parfois elle-même interrompue dans son parcours en hiver. Il est incontestable que les chemins de fer diminueront les prix de revient du blé exporté dans l'Europe occidentale; l'économie dans les transports, par suite l'abondance des exportations, croîtront à mesure que la ligne centrale se complétera par des voies transversales. D'un autre côté, à mesure que le chiffre de la population s'élèvera, le sol, abandonné à des repos moins longs et soumis à une culture plus épuisante, perdra promptement sa fertilité première. Du reste, tant que la Russie produira du blé plus économiquement que les autres états de l'Europe, ceux-ci devront chercher à en profiter par l'échange de leurs propres produits. En France par exemple, les provinces du midi, qui conviennent mieux à la production du vin qu'à celle du froment, ne pourraient-elles point accroître l'une et restreindre l'autre, expédier le vin, leur produit naturel, pour recevoir le grain qui leur manque? La marine tirerait un grand profit de cette combinaison.

Félix Vidalin

Lorsque, partant de la Mer-Noire, nous suivons la voie de la Méditerranée, nous trouvons d'abord l'Asie-Mineure, terre morte aujourd'hui, si féconde autrefois, puis nous arrivons à cette oasis qu'un fleuve a créée dans le coin d'un vaste continent stérile. La fertilité de l'Egypte est exceptionnelle. Sol d'une alluvion riche et sans cesse renouvelée, climat chaud et champs arrosables, ce sont les meilleures conditions pour une production abondante. La médiocrité de la rente de la terre, le vil prix de la main-d'œuvre, contribuent à rendre cette production peu coûteuse. Grâce à ces avantages, l'Egypte est et restera par excellence le pays producteur de céréales. Son blé a toutefois l'inconvénient de contracter un goût détestable qui en limite l'emploi dans la boulangerie, et exige des mélanges avec d'autres grains. On n'est pas encore bien fixé sur la cause de cette détérioration. Tient-elle à des insectes? Provient-elle d'un arôme particulier à la terre, ou du mode de préparation et de conservation du grain?

La liste des pays producteurs se complète par les Etats-Unis, qui envoient régulièrement des grains et des farines en Europe. Ce pays doit sa production abondante, comme la Russie et l'Egypte, à des terres vastes et naturellement fertiles; mais, dans les deux premiers états, le vil prix de la main-d'œuvre fait négliger la culture et l'empêche de se perfectionner, tandis qu'aux États-Unis, les salaires étant très élevés, la culture procède avec la plus attentive économie du travail, et recherche avec ardeur les perfectionnements. La production des céréales surpasse maintenant la consommation dans l'Amérique du Nord; mais le sol s'y épuise vite par une production permanente, il est déjà même épuisé dans les vieux états, ceux qui ont cinquante ans. Tout fait prévoir que l'exportation, déjà très faible, ne s'y développera jamais, peut-être cessera-t-elle complètement. Un tel changement ne serait pas sans exemple. Il y a trente ans à peine, l'Angleterre elle-même produisait un excédent de céréales; elle pouvait livrer à l'exportation une part de ses propres greniers. Aujourd'hui elle est en déficit de plus de vingt millions d'hectolitres de blé. L'Union est le seul pays américain dont l'intervention dans le commerce des grains se fasse actuellement sentir en Europe; mais si les États-Unis et la Russie viennent à ralentir leurs envois, le Brésil et les rives de la Plata succéderont à ces deux pays dans l'approvisionnement des marchés européens.

Ainsi éclairés sur la production des pays qui peuvent nous intéresser commercialement, voyons dans quelle mesure notre agriculture concourt à la circulation des grains, et surtout dans quelle mesure elle pourrait y concourir. La valeur de nos exportations ou de nos importations en céréales est trop variable d'une année à l'autre pour que l'on puisse tirer un indice quelconque d'une comparaison aussi limitée. Prenons des groupes de dix ans, en nous bornant aux trois séries comprises de 1827 à 1857. On trouve, pour les importations durant ces périodes, les valeurs croissantes de 309, 669 et 817 millions (valeurs officielles de la douane, qui n'ont point varié depuis 1826). Les valeurs correspondantes des exportations sont de 127,316 et 545 millions. On voit par ces chiffres que les céréales forment à elles seules un commerce important, qui a pris un accroissement rapide d'une période à l'autre. Ces mouvements de grains représentent un tonnage considérable, réparti entre un grand nombre de navires. Chaque période a ses années de disette durant lesquelles l'importation a pris un développement excessif. Telles sont les années 1832, 1840, 1847, enfin 1856. A ces dates, le tonnage du grain a dépassé celui du coton et de la laine, qui est d'ordinaire le plus considérable. Le fait est d'autant plus important pour notre marine nationale, que ces transports lui reviennent presque exclusivement, tandis qu'en dehors de la navigation des colonies et du cabotage qui lui sont réservés, il n'en est pas de même pour les autres grands transports. Nous recevons des masses considérables de coton; mais ce sont les *clippers* américains qui les apportent. Il nous arrive de la laine et de la houille en énorme quantité, mais presque exclusivement sous le pavillon anglais. Nous consommons des bois du Nord, mais ils descendent constamment vers nos ports dans les navires de la Norvège. D'autre part, nous expédions des tissus, du linge, des soieries, pour des sommes considérables; ce fret, peu volumineux, est richement payé aux paquebots anglais ou américains qui enlèvent à nos navires ce lucratif transport. Chaque année, il part du port du Havre une bande de vingt mille émigrants allemands; c'est dans les entre-ponts et les cales des trois-mâts américains qu'ils s'entassent. Les passagers plus aisés ne prennent même pas les cabines de nos bâtiments, ils s'embarquent à grands frais sur les paquebots Cunard ou Livingston. Il n'est pas jusqu'aux malles des correspondances qui n'aillent chercher de l'autre côté du détroit des services plus réguliers, plus rapides, mais aussi plus coûteux, en attendant que nos trop tardifs paquebots s'organisent. Notre marine est déshéritée du fret le plus lucratif, qui passe à d'autres plus habiles; elle est déshéritée de la plus grande partie du trafic industriel : jusqu'ici cependant elle a profité de la presque totalité des transports agricoles. S'agit-il d'aller faire des provisions à Odessa, plus maîtresse dans les eaux de la Méditerranée que dans celles de l'Océan : notre marine s'en acquitte à elle seule. Faut-il du blé en Italie, en Espagne : il part de Marseille sous notre pavillon. Et même sur l'Océan, profitant, dans ces dernières années, de ce que les grands navires américains étaient occupés pour nos transports militaires, la marine française a su mener fort activement les convois de grains entre New-York et le Havre. En ce moment encore, nos caboteurs sont activement occupés par l'exportation de blé qui se fait en Angleterre. Ainsi les grains et les produits agricoles peuvent bien ne tenir qu'un rang secondaire dans le total de nos transports par mer, mais ils forment incontestablement le fret le plus important pour notre marine nationale. Nos navires sont en général d'un trop faible tonnage pour pouvoir transporter les matières encombrantes, le coton, la laine, aussi économiquement que les colossales constructions américaines; l'emploi que fait notre marine de la vapeur est trop restreint pour qu'elle prétende disputer les passagers ou les marchandises précieuses aux paquebots de New-York ou de Liverpool; mais elle fait son profit ou de la disette ou de la grande abondance de récoltes. Si les liens qui l'attachent au commerce agricole, par suite à la production, n'apparaissent pas tout d'abord, ils n'en sont pas moins étroits pour cela; notre marine vit en réalité du blé et du vin.

On ne saurait trop appeler l'attention sur le mouvement extérieur des céréales, dont la presque totalité s'effectue par la voie de mer.

	1827-1837	1837-1847	1847-1857
Importation	309,0 millions	669,3 millions	817,8 millions
Exportation	127,8 »	316,6 »	545,4 »
Sommes	436,8 »	985,9 »	1363,2 »

Ces chiffres sont importants; les sommes croissent rapidement, au grand bénéfice de la marine. Les exportations suivent même une progression plus forte que les importations, heureux témoignage de progrès de notre production. Toutefois il est regrettable pour le bien de l'agriculture, de la marine, du commerce, que ces mouvements n'aient pas atteint l'activité plus grande encore à laquelle, on va le voir, ils peuvent prétendre.

Les pays producteurs par excellence sont, avons-nous dit, le bassin de la Mer-Noire et l'Egypte, et les pays consommateurs forment l'Europe occidentale. Nous sommes sur la route que suivent les approvisionnements qui se dirigent vers les contrées du nord; nous occupons une position centrale même par rapport à l'Espagne et à l'Italie. Cette position nous désigne donc pour être l'entrepôt général des grains; elle fait de nous le grenier d'abondance naturellement destiné à recevoir les importations des pays de provenance, pour les répartir ensuite entre ceux qui en ont besoin. Ce rôle, auquel la distribution géographique nous invite, nous est rendu facile par une marine active, par les capitaux que nous possédons en quantité suffisante; il nous est de plus imposé par la nécessité d'écouler nos produits industriels vers les pays producteurs du blé, qui sont restés dans l'enfance des arts, et qui recherchent nos tissus, nos meubles, ces mille futilités de luxe que nous excellons à fabriquer et que les étrangers aiment tant à posséder, ne serait-ce que pour prouver qu'ils sympathisent avec nous en matière de bon goût. L'Italie seule, plus rapprochée des lieux de provenance, pourrait nous disputer l'importance du commerce; mais elle nous est inférieure, pour l'activité commerciale et maritime, pour la puissance des capitaux, pour la production industrielle, seule capable d'alimenter les échanges. Telle est la condition avantageuse dans laquelle nous nous trouvons. Aussi Marseille est-il devenu le grand marché du bassin de la Méditerranée; ce port est toujours prêt à expédier soit en Espagne, soit en Italie, à renvoyer par transit les provisions nécessaires à la Suisse et à la vallée du Rhin, aux frontières nord de la France. Avons-nous tiré cependant tout le parti possible de cette situation? Qu'il soit permis d'en douter, à voir l'importance acquise par Livourne, où le commerce des grains est d'autant plus prospère, d'autant plus riche, qu'il est en grande partie entre les mains de Grecs. Barcelone est lui-même devenu un entrepôt considérable. Nous n'avons donc pas conquis le monopole auquel nous aurions pu prétendre dans la Méditerranée. Nous avons encore moins bien réussi dans le nord de l'Europe; nous avons laissé le marché central se fixer dans un pays isolé, que sa position extrême ne désignait nullement pour cet avantage. L'Angleterre est actuellement l'entrepôt réel des pays du nord. Grâce à son activité commerciale, il s'y produit un fait inexplicable au premier abord, celui d'un pays qui a un déficit énorme de récoltes, et qui, malgré ce déficit, ou plutôt à cause de ce déficit, à cause des nombreux arrivages qu'il occasionne, se livre à une exportation de grains importante, et surtout de farines. Le commerce anglais ne s'est point toujours livré à cette lucrative spéculation : elle date d'une mesure que quelques-uns redoutaient comme une catastrophe publique, que tous ne tentaient qu'avec défiance.

Plus d'une cause a contribué à nous priver de cet entrepôt général : nos habitudes commerciales trop limitées au marché national, dont le monopole nous est garanti, les difficultés de transports par terre, à peine levées par l'établissement des chemins de fer; mais il faut surtout s'en prendre à la législation douanière des grains, qui est ou qui était en vigueur (on ne sait lequel des deux, du passé ou du présent, employer à l'égard de nos tarifs, tant il y a d'incertitude en cette matière). Il est des marchandises qui peuvent supporter des droits d'entrée ou de sortie même considérables : les produits riches, précieux, sont dans ce cas. Tout ce qui ne répond pas à un besoin impérieux, mais qui s'adresse seulement à la classe opulente, peut être taxé sans que la vente en soit arrêtée; il n'en est pas de même des grains. Le blé est une denrée commune, dont les prix, compensés par les distances, ne diffèrent jamais beaucoup d'un lieu à un autre. Ce n'est donc qu'une pente très faible qui en détermine le mouvement. Prenons pour exemple l'exportation, qui, il y a quelques semaines à peine, avait encore lieu pour l'Espagne. L'hectolitre acheté à Marseille 18 fr. 50 c. se vendait 20 fr. à Barcelone; nos droits de sortie sont momentanément de 25 c; la taxe d'entrée était un peu plus forte en Espagne. Les droits payés, il restait à peine 1 franc net. Ce franc devait donc représenter à lui seul les frais de transport, le bénéfice du négociant, et parer aux avaries sur mer et aux déchets inévitables tant au chargement qu'au déchargement; ce qui veut dire que le bénéfice par hectolitre du négociant pouvait être classé parmi ces quantités que les géomètres nomment des infiniment petits; aussi l'accroissement des droits espagnols a-t-il suffi pour l'arrêter subitement.

Le tarif en vigueur jusqu'à la franchise actuelle dont nous jouissons provisoirement, en d'autres termes l'échelle mobile, avait l'inconvénient de se maintenir presque constamment à un taux qui entravait les mouvements commerciaux. Aussi les importations ne devenaient-elles profitables qu'au moment des crises les plus douloureuses, et les exportations qu'aux époques d'avilissement profond dans le prix des céréales. C'est que des taxes de douane qui seraient insignifiantes pour toute marchandise de luxe sont onéreuses pour les grains, et se changent facilement en véritables prohibitions. En outre, ces taxes ont été surtout embarrassantes par leur mobilité. Propices un jour au commerce, elle pouvaient être rendues prohibitives le lendemain par une simple oscillation du marché intérieur. De telles variations du tarif expliquent seules ces mouvements si brusques dans les chiffres des exportations d'une année à l'autre. Ainsi en 1832 l'importation s'est élevée à 94 millions; l'année suivante, elle est tombée à 4 millions; en 1846, elle a été de 69 millions : elle a monté à 231 millions en 1847 pour s'abaisser à 26 millions en 1848. Ce sont de véritables sautes de vents, pour employer l'expression maritime qui peut seule rendre compte de ces étranges désordres. Soumis à des lois pareilles, le commerce des grains était fort exposé à devenir de l'agiotage.

Bien que la réexportation et le transit soient régis par un autre tarif, ils se sont néanmoins ressentis de l'échelle mobile. C'est que ce commerce d'entrepôt et de transit ne saurait être séparé du commerce avec l'intérieur. Les négociants ne peuvent se livrer avantageusement à une telle spéculation sans avoir pleine franchise de vente et d'achat sur le marché intérieur, qui leur sert dès lors de réservoir alimentaire. Ils y puisent lorsque les arrivages sont insuffisants pour la réexportation, ils y déversent au contraire leur trop-plein de blés étrangers lorsque l'écoulement vers l'extérieur se ralentit. La franchise, en facilitant cette double manœuvre, a fait la fortune du marché anglais, le profit de la marine et la prospérité du commerce de cette nation. Qu'il en soit ainsi pour nous!

La valeur excessive que les importations ont parfois atteinte chez nous ne serait nullement regrettable, si elle eût été contre-balancée par une exportation aussi active. Malheureusement il n'en a pas été ainsi. Cette différence d'ailleurs a moins tenu au manque de récoltes qu'aux difficultés de transport. Nous n'avons jamais eu beaucoup de canaux ; la navigation de nos fleuves n'a reçu que de tardives améliorations, nos routes sont loin d'être achevées, surtout nos chemins vicinaux ; c'est d'hier à peine que notre réseau de chemins de fer est dessiné sur le sol. Aussi une fraction importante des récoltes ne pouvait-elle être utilisée, et restait-elle sur le lieu même de la production sans pouvoir arriver à la consommation, soit intérieure, soit extérieure. Un tel état de choses, qui maintenait dans une situation de gêne déplorable des provinces entières, surtout celles du centre, était loin certainement d'encourager la production. Voilà la première cause de la marche si lente de nos progrès agricoles. Impuissante à exporter au loin, la culture n'a pas cherché à produire chaque année un excédant à la consommation locale. Elle eût été fort exposée à garder cet excédant pour compte ou à ne l'écouler qu'à vil prix, en perte flagrante. Aussi s'est-elle trouvée au dépourvu chaque fois qu'une intempérie est venue répandre la stérilité sur nos champs. La disette a surtout été aggravée par le défaut de débit en temps ordinaire. Voilà en peu de mots dans quels errements ont marché la production d'une part, la consommation de l'autre, isolées entre elles par des obstacles que lèveront les chemins vicinaux, les routes, les canaux, les chemins de fer, les bateaux à vapeur, — isolées également par des obstacles artificiels, des taxes de perception qui s'aplaniront aussi peu à peu. Dès qu'une vente avantageuse sera assurée à la culture en tout temps, les besoins de la consommation se trouveront garantis avec la plus grande régularité possible. Alors seulement la culture sera excitée à produire chaque année un excédant qui, en temps ordinaire, se répandra à l'étranger, et qui, retenu à l'intérieur par la moindre hausse, constituera la meilleure des réserves, et rejettera loin de nous dans le passé ces scènes lugubres de désordres que produisent et l'accaparement du blé et l'épouvante de la faim. C'est donc à tort que l'on attribue exclusivement l'état arriéré de la culture au manque de capitaux ou au défaut d'intelligence. Assurez-lui les facilités de transport d'abord, ensuite la liberté la plus entière de vente : alors la culture se constituera des capitaux, alors elle sera intelligente, alors elle secouera son découragement; alors, active et ardente au progrès, elle déploiera des forces restées jusqu'ici inconnues ou méconnues.

Les variations dans les prix des céréales, que nous avons vues passer dans un très court espace de temps de 40 francs à 13 francs l'hectolitre, sont aussi funestes à la production qu'à la consommation. « Le laboureur ne fait bien ses allaires qu'à la cherté du blé, » a dit Montaigne; je crois qu'il eût changé d'avis au spectacle de la culture dans cette dernière année. C'est que la cherté passagère est toujours suivie de l'avilissement du prix. Elle occasionne au fermier une augmentation dans son bail, qu'il n'est plus en état de supporter quand la baisse arrive, et lui apporte la ruine après un éclair de prospérité. Les propriétaires eux-mêmes sont atteints par le contre-coup de la cherté des grains; ils sont obligés d'accroître le salaire des ouvriers agricoles, et ne peuvent plus les réduire quand le bon marché reparaît, alors même que leur revenu net a diminué jusqu'à devenir négatif. La hausse a surtout le funeste effet d'éblouir les gens de la campagne par les revenus inespérés qui leur sont momentanément procurés; elle développe en eux outre mesure la passion des achats de terrains. Certes c'est un noble et louable désir que d'aspirer à la possession d'une parcelle de cette terre qui nous porte, à la propriété d'une place à ce soleil qui nous réchauffe, à la jouissance des récoltes de l'été, des fruits de l'automne, des espérances du printemps. Ce penchant est un des meilleurs de l'homme; il le porte au travail, à l'épargne, à l'ordre privé et public, il l'excite à tout ce qui est bien. Ce seul désir d'accroître l'héritage de la famille tempérera même dans une juste limite l'accélération trop rapide que pourrait prendre le morcellement du sol; mais il doit être contenu dans les bornes du possible, sans dégénérer en une passion aveugle qui porte le cultivateur à emprunter pour acheter : c'est le conduire à la ruine par la voie de l'expropriation.

Après les effets de la cherté excessive, voyons ceux de la baisse exagérée. Les consommateurs, surtout ceux de la classe laborieuse, n'y trouvent qu'un illusoire avantage : c'est que les produits de la ville sont consommés en grande partie par ceux qui, soit fermiers, soit propriétaires, soit rentiers, ne tirent leurs revenus que de la terre. Ces revenus tarissant, les dépenses se restreignent. Les ouvriers paient le pain bon marché, mais le travail leur manque.

Félix Vidalin

Il faut ajouter que le malaise qui règne alors dans les campagnes, où les propriétaires, faute d'argent, ne peuvent plus occuper leurs journaliers, jette dans les villes des émigrants en abondance; ces bras nouveaux viennent faire une concurrence redoutable aux ouvriers industriels, concurrence qui devient désastreuse pour eux dès que, par une cause quelconque, le travail se ralentit.

Les consommateurs doivent donc désirer avant tout que les denrées alimentaires prennent un cours régulier, qui servira de base à la rétribution du travail; les cultivateurs de leur côté ont besoin d'une assiette un peu plus fixe afin d'asseoir les baux de ferme, de stipuler les salaires des manœuvres, d'arrêter cet abandon déplorable du travail des champs pour celui des ateliers. Par quels moyens arriverons-nous à cette régularité dans les prix désirable pour tous? Les progrès agricoles nous y conduisent. Mieux la terre est cultivée, et moins elle est sensible aux intempéries, qui font les mauvaises récoltes. Un sol bien ameubli, profondément labouré, se ressent moins de l'excès d'humidité ou de sécheresse. Lorsqu'une plante croît dans une terre végétale convenablement fertilisée, elle résiste mieux aux atteintes du froid, aux ravages des insectes, aux contrariétés des pluies, qui peuvent lui être si funestes au moment de la floraison. Les progrès de la culture n'accroîtront pas seulement les récoltes, ils les rendront encore moins variables, en dépit des éléments; mais ils n'auront point une action aussi décisive sur le cours des prix. C'est que les variations des mercuriales ont trop souvent des causes imaginaires, inexplicables. Que de fois le blé est à vil prix sans que ce bon marché ait pour cause l'abondance relative de la récolte! que de fois au contraire ce prix monte, s'exagère par une alarme sans raison, qui rend la vente rare et exigeante et l'achat impatient! La liberté du commerce intérieur a déjà apporté un grand remède au mal; la liberté du commerce extérieur complétera la guérison de ces crises qu'éprouve parfois la raison publique.

En résumé, la question du commerce extérieur des grains est capitale pour notre agriculture; elle n'est pas moins importante pour notre marine, qui, je le répète, trouve dans le transport des produits agricoles les bénéfices les plus nets, parce que ces transports lui sont le moins disputés par la concurrence des autres pavillons. L'agriculture demande instamment par la voix de ses comices, par l'organe des hommes éminents qui plaident sa cause, *la liberté d'exportation* comme mesure fixe, légale, nécessaire pour lui assurer des débouchés permanents. La marine se joint à elle par un besoin non moins pressant d'accroître son fret d'exportation. Le lest, la nécessité de partir de France avec des bâtiments vides, la maintiennent dans un état précaire, médiocre. En échange de cette liberté, l'agriculture renonce de grand cœur au tarif mobile pour l'importation, et demande un droit fixe, modéré, ne nuisant point au commerce. Un tel droit serait aussi pleinement satisfaisant pour les intérêts de la marine.

Section II

En dépit de la stérilité qui désole nos vignobles depuis plusieurs années, nos exportations en vin ont atteint en 1857 une valeur de 160 millions, et celles en eau-de-vie une valeur de 59 millions. Cette somme totale de 219 millions n'est dépassée que par le chiffre des expéditions de tissus de soie et de laine. Le vin tient donc la seconde place dans notre commerce extérieur, mais il occupe incontestablement la première pour le fret qu'il procure à notre marine. C'est que les matières tissées ne présentent sous leur valeur énorme qu'un tonnage minime, qui du reste passe presque tout entier aux paquebots à vapeur chargés des services d'Angleterre, de Russie, d'Amérique. Soumises à une législation régulière, nos exportations en vin ne présentent pas ces variations brusques qui se manifestent pour les céréales, bien que la grappe de raisin soit plus sensible aux intempéries, à la grêle, aux maladies, que l'épi de blé. De toutes les preuves que l'on pourrait invoquer contre cette irrégularité des tarifs des céréales, il n'en est pas, à notre avis, de plus concluante que celle-ci, qui est tirée d'un cas parfaitement analogue.

Il y a déjà de longues années que la culture, le commerce et la marine tirent d'abondants subsides de ces exportations. Elles se sont accrues jusqu'en 1852, époque à laquelle les premières atteintes de l'oïdium sont venues momentanément tarir cette précieuse source de richesse. L'importance de ce commerce agricole s'explique aisément. Peu de pays produisent le vin, tous désirent en boire. Tandis que les céréales se cultivent partout, que certaines variétés mûrissent même jusque dans les terres polaires, la vigne, plus délicate et plus difficile, ne consent point à se vulgariser en tous lieux. Trop sensible au froid, elle ne dépasse pas le 50e degré de latitude, et n'atteint même cette hauteur que dans quelques expositions privilégiées; trop sensible au chaud, elle ne descend point plus bas que le 30e degré, et encore exige-t-elle dans cette zone étroite des conditions de climat, d'exposition, de sol, qui l'y rendent fort rare, et qui l'ont reportée presque exclusivement sur la pointe ouest d'Europe, en France, en Espagne, en Italie, dans quelques parties de l'Allemagne et quelques localités d'Asie et d'Amérique.

La France est par excellence privilégiée pour cette culture. Son vin peut avoir moins de richesse alcoolique que le vin récolté sous les climats plus chauds de l'Italie, de la Sicile, de l'Espagne, de Madère, du cap de Bonne-Espérance; mais il rachète ce défaut par une incontestable supériorité de qualités hygiéniques et d'arôme. Enfin la France est sans contredit le pays qui produit le plus de vin, qui en consomme le plus, et qui en fait les exportations les plus considérables. Nos provinces du midi forment le centre de cette importante production. Ouvertes à deux mers, elles peuvent aisément expédier au loin l'excédent de leurs récoltes. Beaucoup de vins, parmi ceux même de la France qui se récoltent plus au nord, ne peuvent supporter sans altération le séjour à la mer; les crus du midi s'améliorent au contraire dans les diverses vicissitudes de chaud et de froid, dans leurs voyages maritimes, dans le balancement perpétuel des navires. Il y a là comme un fait providentiel pour la prospérité de notre pays.

Cette production n'a pas encore atteint tout son développement.[1] Beaucoup de terrains où l'on cultive le blé donneront, convertis en vignobles, plus de profit quand nos moyens de transport permettront aux céréales de se répandre facilement de nos provinces qui sont le plus aptes à les produire dans celles qui conviennent le plus spécialement à la vigne. Lorsque cette réforme

---

1 La vigne occupe actuellement 2 millions d'hectares en France. Elle s'est accrue en cinquante ans de 500,000 hectares, bien que l'heureuse influence des voies de communication commence à peine à se faire sentir pour elle. Nous avons certainement plus d'un dixième du territoire, soit 5 millions d'hectares, cultivable en vignobles avec succès.

se sera opérée graduellement, l'étendue de nos bons vignobles sera plus que doublée ; par contre-coup, la vigne disparaîtra de beaucoup de terrains où elle ne donne que des produits détestables, mais où la culture en est rendue nécessaire par l'impuissance de nos moyens de transport. Cette disparition, qui s'est déjà opérée dans quelques parties du nord et de l'ouest de la France, a fait croire à certaines personnes que le climat de notre pays se modifiait et que notre soleil devenait moins chaud. Qu'elles se rassurent: la chaleur ne fuit pas; les chemins de fer arrivent. La qualité des vins réclame aussi certains progrès. Les petits propriétaires surtout doivent s'efforcer de rendre leurs caves égales en renom, sinon en capacité, à celles des grands propriétaires dont les clos ont acquis une juste renommée. Le bon vin a surtout été jusqu'ici un produit aristocratique, et l'on doit remarquer que les grands propriétaires ont soigné leurs vignobles bien avant qu'ils aient songé à s'occuper avec la même sollicitude de leurs domaines arables.

Si la production peut s'accroître, les débouchés doivent également se multiplier. Lors même que les charges qui grèvent la vente du vin resteraient aussi lourdes, l'usage de cette boisson ne s'en répandra pas moins, par ce fait seul que l'aisance s'introduit parmi les classes laborieuses, dans tous les pays industrieux et actifs. Cet accroissement, amené par la prospérité des états consommateurs, sera rendu facile par l'amélioration des moyens de transports intérieurs autant en France qu'à l'étranger. Notre principal port d'expédition, Bordeaux, avait à la vérité pour s'approvisionner deux fleuves et le plus ancien canal de France; mais, par le mauvais état des routes, les vignobles qui n'étaient pas limitrophes des voies d'eau ne pouvaient qu'expédier difficilement leurs produits, sinon les frais de roulage augmentaient considérablement les prix de revient. Bordeaux, grâce aux chemins de fer qui vont couvrir le midi, prendra désormais une tout autre puissance d'exportation, et deviendra un *port agricole* des plus prospères.

Les autres pays producteurs, l'Espagne, l'Italie, ne font qu'une exportation très faible relativement à la nôtre. Leur circulation intérieure est encore plus imparfaite, et leurs relations commerciales sont moins étendues. Du reste, beaucoup de leurs ventes s'opèrent par l'intermédiaire des négociants français, et nous avons ainsi à peu près le monopole du commerce extérieur des vins. Ce monopole nous vaudra par ses avantages celui de la production du coton, que possèdent les Américains, celui de la houille et des métaux, qui appartient aux Anglais. Ces deux branches de commerce semblent avoir acquis dans chacun de ces pays tout le développement possible, s'ils ne touchent pas déjà au moment suprême où les sources de production commencent à se tarir par l'épuisement du sol, ici dans ses entrailles, là-bas à sa surface. La culture de la vigne au contraire peut être éternelle, parce qu'elle n'est pas épuisante. Il faut examiner maintenant les obstacles artificiels qu'apportent à la consommation les taxes de toute nature qui la grèvent à l'étranger. Les droits de douane anglaise sont de 5 shillings par gallon (4 litres 5), soit environ 130 francs par hectolitre. Des droits pareils équivalent à de vraies prohibitions; ils expliquent comment une bouteille de bordeaux coûte un demi-louis dans une taverne de Londres, bien que les frais de transport de la Gironde à la Tamise ne soient pas plus coûteux que ceux d'une distance de cent lieues à franchir sur terre, et que l'Angleterre puisse s'approvisionner de nos vins avec autant de facilité que la plupart de nos provinces, que la Normandie, la Bretagne, et beaucoup plus aisément que tous nos départements du nord. Aussi notre exportation est-elle relativement faible en Angleterre, où elle s'est réduite en 1857 à 49,123 hectolitres. Quoique moins élevés en Russie, où ils sont de 50 francs environ par hectolitre, les tarifs n'en réduisent pas moins la consommation dans ce pays, qui est appelé à devenir un jour un débouché lucratif pour nos vignobles. Ces taxes se maintiendront, il faut le dire, tant qu'elles auront chez nous leurs analogues. La protection que cet appareil défensif pourrait assurer à quelques branches de travail national est fort douteuse. Le mal qu'il fait à la plupart est incontestable. Qui en souffre ? qui paie les frais de cette guerre de tarifs ? C'est la marine, c'est l'agriculture. L'une est frappée d'interdit dans ses transports, l'autre ne peut écouler ses produits.

L'importance du commerce qui se fait avec les États-Unis (121,633 hectolitres de vin, et 30,066 hectolitres d'eau-de-vie) est la preuve la plus concluante du développement que peuvent prendre les exportations dans des pays même éloignés, à la seule condition que les tarifs d'entrée y soient modérés. Et encore si j'appelle modérée une taxe de 30 pour 100 de la valeur, c'est que je la compare à celle de l'Angleterre, qui est d'au moins 400 pour

100. Si, au lieu de 30 pour 100, ce droit était en Amérique aussi élevé qu'en Angleterre, nos expéditions y seraient presque nulles; si au contraire ce droit était réduit à 10 ou à 5 pour 100, notre exportation s'accroîtrait au moins du quart. Les navires faisant le transport de coton pourraient s'affréter de futailles au départ; il en résulterait dans les prix de cette matière première une réduction qui serait des plus profitables à notre industrie.

La Suède et la Norvège sont les pays d'Europe où nos expéditions de vin et d'eau-de-vie sont les plus faibles; elles s'y réduisent à quelques milliers d'hectolitres. Le peu d'importance de ce commerce tient moins à la rigueur des tarifs qu'à la pauvreté de ces pays, qui n'usent que très économiquement de nos productions agricoles et industrielles; leurs massifs navires nous arrivent à la belle saison chargés de bois de sapin, pour repartir à vide, comme ces voitures que l'habitant des campagnes amène à la ville remplies de provisions, et qui le soir reprennent le chemin du village sans la moindre emplette.

Le vin joue un plus grand rôle comme fret dans la navigation de l'Océan et de la Manche que dans celle de la Méditerranée, qui aboutit à des pays tous plus ou moins producteurs. Le bassin russe de la Mer-Noire pourrait cependant devenir un débouché important, bien qu'il y ait quelques vignobles en Crimée; mais cette culture y est fort hasardeuse, et surtout fort coûteuse. La nécessité d'enfouir les ceps de vigne sous une couche profonde de terre, pour les préserver des froids intenses de l'hiver, occasionne des frais de main-d'œuvre considérables. Les tarifs russes sont trop élevés : 50 francs environ pour le vin, et 195 francs pour l'eau-de-vie par hectolitre. Si une taxe modérée pour l'entrée des grains venait à être décrétée en France, la Russie nous devrait certainement un échange de bons procédés, car ce pays serait celui qui tirerait le plus de profit de l'importation du blé. Quant à notre marine, elle bénéficierait sans concurrents sérieux du développement de notre commerce avec le sud de la Russie.

Le vin n'intervient pas seulement comme fret dans la navigation de la Méditerranée ou de l'Atlantique. Les navires qui doublent l'un ou l'autre cap pour aller trafiquer dans l'Océan-Pacifique ou dans les mers de la Chine se chargent toujours d'un certain nombre de futailles ou de paniers de vins fins dont ils trouvent un débit avantageux au Pérou, en Californie, dans les factoreries des Indes ou dans les comptoirs de la Chine et même du Japon. Nos exportations de vins et d'eau-de-vie dans l'Océan-Pacifique composent à elles seules le tiers de l'exportation totale, et la moitié si l'on y joint les autres produits agricoles, tels que le beurre salé, l'huile d'olive, les préparations de charcuterie recherchées par les nababs avec une friandise qui n'est égalée que par celle des mandarins. Ces exportations seraient certainement plus développées dans ces lointains pays, si nos relations commerciales elles-mêmes y étaient plus actives; malheureusement ces relations diminuent d'importance avec la distance des lieux de trafic, suivant une proportion qui est sans exemple en Angleterre, aux États-Unis, en Hollande et même en Allemagne. La France n'est pas représentée à Bombay, Madras, Calcutta, à Singapour, à Hong-kong, à Shang-haï, en raison de sa puissance de production et de consommation, en raison de sa richesse et de sa population. Il n'est pas rare de voir dans beaucoup de ces villes le personnel de nos chancelleries plus nombreux que nos nationaux, qui vont y faire le commerce, de même que sur les rades on voit au mouillage plus de bâtiments de guerre en station que de navires marchands. Il faut espérer que noire indifférence cessera dès que le canal de Suez nous aura rapprochés de ces contrées.

Du reste, nos exportations de vin auraient, en dépit des douanes étrangères, une tout autre importance que celle, déjà considérable, qu'elles ont actuellement, si nous étions un peuple d'humeur plus commerçante. Nous avons expédié en 1857 pour 160 millions de vin et 59 d'eau-de-vie; ce sont des chiffres assez flatteurs pour notre production, assez satisfaisants pour notre commerce. Les expéditions prendraient néanmoins une accélération tout autre, si nos vignobles du midi mûrissaient leur vendange vermeille pour le compte, des négociants anglais ou américains, si nos alambics de Cognac brûlaient en leur honneur. Où n'eussent-ils pas fait accepter nos produits, ces marchands de la Cité, au génie inventif et audacieux, qui ont conquis une part de l'Asie pour y répandre leurs cotonnades, pour y recueillir de l'opium et de l'or, qui ont agité d'hallucinations fiévreuses tout un empire jusque-là immobile et impénétrable, et lui ont pris en échange son thé et son argent?

Section II

Section III

Après les céréales et le vin, l'intervention des produits agricoles dans la marine se restreint considérablement, bien que les animaux et les matières de provenances animales, les légumes et les fruits aient une importance au moins égale à celle du blé et du vin dans la production et dans la consommation;[1] mais ces matières sont moins facilement transportables. On embarque peu d'animaux vivants dans une navigation lointaine; cependant on expédie des chevaux et surtout des mulets vers les colonies pour une notable valeur. Le port de Nantes a la spécialité de ces envois; il en part chaque année plus de deux mille mules. L'élève de ces animaux est fort lucrative pour toute la province du Poitou. Les navires qui vont aux colonies avec un tel chargement au lieu de lest peuvent au retour s'affréter à meilleur marché de sucre, de café et des autres denrées. On expédie aussi chaque année pour une dizaine de millions de viandes salées, et les exportations d'un produit qui semble de peu d'importance, le beurre, se sont élevées néanmoins à 14 millions. Les œufs, la volaille, les fruits, les légumes verts ne peuvent figurer dans les exportations lointaines ; mais ces produits permettent d'entretenir avec l'Angleterre une navigation assez active, qui s'accroît à mesure que nos moyens de communication intérieurs s'améliorent et que notre culture se développe. Grâce à ce double progrès, le centre de la France pourra subvenir seul à l'approvisionnement de Paris et des autres grandes villes du nord-ouest; alors la Bretagne, la Normandie, la Picardie, employées actuellement à cet approvisionnement, pourront diriger tout leur excédant de production vers les marchés anglais. Notre petite marine retrouvera ainsi dans la navigation à travers la Manche le trafic du cabotage, que les chemins de fer lui enlèvent à mesure que leur réseau enveloppe les côtes. Créer le long de chacune des rives de la Seine de nombreuses stations d'embarquement pour les produits agricoles, c'est le seul moyen d'assurer un fret suffisant à <u>la navigation à vapeur</u>, qui a essayé tant de fois, mais vainement,

---

[1] La consommation individuelle de la viande a pris en France un heureux développement depuis le commencement du siècle; avant la révolution, on ne l'évaluait qu'à 18 kilogrammes : elle est maintenant de 28 kilogrammes. Cet accroissement de consommation a été aussi sensible pour le vin, les légumes, le sucre. Notre production agricole n'est donc point restée insuffisante.

Félix Vidalin

de s'organiser entre Paris et Londres. Jusqu'ici ces navires n'ont voulu relâcher qu'à Rouen et au Havre, et ils ont manqué de cargaison, tandis qu'ils pourraient recueillir le long de chaque rive un supplément de fret qui leur serait fort utile; mais ils doivent prendre l'initiative, proposer leurs moyens de transport aux fermiers de cette fertile vallée, et ne point attendre que la demande leur en soit faite : ce serait éternellement attendre.

Cette étude serait incomplète, si après la navigation extérieure nous n'entrions pas dans quelques détails sur la part des produits agricoles dans la navigation de notre littoral et de nos fleuves, le cabotage. Le nombre de nos petits navigateurs a bien diminué depuis que les chemins de fer ont commencé à relier les ports entre eux par des routes généralement plus directes que les routes de mer, plus sûres et plus rapides qu'elles, sinon plus économiques. Depuis 1853, époque à laquelle les trois lignes du Havre, de Bordeaux, de Marseille, ont été complètement livrées à la circulation, le cabotage a commencé à se ressentir de cette concurrence. Ses transports ont néanmoins encore peu faibli, tout en conservant une moyenne annuelle de deux millions et demi de tonnes.[1] L'activité du cabotage a surtout décliné sur les routes qu'il exploitait dans les conditions les plus désavantageuses de longueur et de lenteur : je veux parler de la navigation, jadis si importante, entre les ports de l'Océan ou de la Manche et ceux de la Méditerranée, et principalement entre Marseille et Rouen.

Il fallait que l'ancien roulage fût bien impuissant et bien coûteux, il fallait que notre navigation intérieure par le Rhône et le canal de Bourgogne fût dans des conditions bien médiocres d'exploitation, et elle n'a pas changé depuis, pour obliger de la sorte à ce long détour par le détroit de Gibraltar les marchandises expédiées de Marseille non-seulement pour des points maritimes tels que le Havre, Rouen, mais même pour des villes tout à fait intérieures, telles que Paris et nos cités commerçantes du nord. Que de difficultés, que de lenteurs, que de naufrages même dans cette navigation, où l'on contourne constamment la terre, et où l'on trouve au but du voyage la Seine, fort améliorée maintenant, mais qui alors exposait, par ses

[1] Ces transports ont atteint en 1847 un maximum de 2,627,405 tonnes; tombés à presque la moitié de cette valeur dans les années suivantes, ils se sont relevés en 1852 à 2,644,785 tonnes, et en 1856 le chiffre en a été de 2,432,815 tonnes, et de 2,573,265 en 1857.

bancs mobiles, les navires à de trop fréquents sinistres! Si, malgré l'abandon de ce que l'on nommait le grand cabotage, le total des transports n'a subi qu'une diminution presque insensible, c'est qu'il se crée chaque jour des stations nouvelles sur notre littoral ou sur les rives de nos fleuves. Est-il encore le moindre chenal inoccupé qui soit abordable par une chaloupe au moment de la pleine mer : des pêcheurs le remarquent, et viennent s'y installer. Le nombre de nos pêcheurs s'accroît. De toutes les branches du travail maritime, la pêche est même celle qui prend la plus heureuse extension, grâce à l'aisance qui se répand ainsi dans nos populations, et qui leur permet d'améliorer leur nourriture aussi bien que leurs vêtements et leur logement. L'on consomme aujourd'hui plus de poisson, de même que l'on consomme plus de viande, de légumes et de fruits. Les chemins de fer, en transportant rapidement aux points les plus intérieurs les produits de la pêche, qui sont si rapidement décomposables, ont grandement contribué à en développer la vente. Si le nombre des pêcheurs augmente, le poisson n'augmente pas dans la même proportion ; c'est une conséquence fâcheuse, mais inévitable. On a réglementé la pêche, qui n'est plus possible en tout temps pour toutes les espèces. Alors les chaloupes chargent du grain, du bois ou des pierres de taille pour les ports voisins; puis, au moment où, le chargement terminé, la misaine va se hisser pour le départ, survient la douane, déesse de la vigilance. Le fait est dûment constaté et le hameau inscrit sur ses livres de recette. En faut-il davantage pour que le nouveau port soit créé? Dix ans après, les cabanes de chaume ont fait place à des maisonnettes blanches, et quelques chasse-marée, quelques sloops sont amarrés dans le chenal parmi les bateaux de pêche. C'est le modeste commerce de ces stations qui s'accroît merveilleusement et qui répare de la sorte par le bas les pertes que le cabotage éprouve par le haut dans son trafic, jadis le plus florissant. Ce nouveau développement sera-t-il assez puissant pour réparer complètement ces pertes? Qui ose l'espérer? Dans tous les cas, il faut l'encourager, le soutenir dans l'intérêt de la population maritime. Beaucoup de ces petits ports auraient besoin de quelques travaux qui, peu coûteux, feraient un grand bien au cabotage. Depuis l'établissement des chemins de fer, la nature des transports opérés par le cabotage a subi encore une sensible modification. Les marchandises qui l'ont surtout déserté sont, on le devine, celles d'une grande valeur sous peu de poids et peu de volume, en général les produits fabriqués, qui s'accommodaient le moins des lenteurs d'une telle navigation, car pour eux le temps est de l'argent. Par contre, les transports agricoles ont augmenté d'importance, surtout lorsqu'il s'est agi, non pas de pourvoir à des besoins pressants, immédiats, mais de créer des approvisionnements par spéculation. Ainsi le grain et la farine, qui n'entraient jadis que pour un dixième dans le cabotage, ont fourni 18 pour 100 de ces transports en 1857. Comme les mouvements des céréales par cabotage sont intimement liés à ceux de la navigation extérieure, il est à présumer que si nos exportations et nos importations de céréales venaient à prendre un cours plus actif et plus régulier, le cabotage en ressentirait l'heureuse influence. C'est ainsi que cette question douanière des céréales se présente à nous presque sans cesse, dès qu'il s'agit de la prospérité de notre marine, autant dans la grande que dans la petite navigation. Ajoutons que les conditions d'activité dans les transports du vin par le cabotage sont exactement les mêmes que pour les céréales.

La culture emploie néanmoins les chemins de fer de préférence à la navigation, partout où elle en a le choix, lorsqu'il s'agit du transport d'animaux, du lait, du beurre, des fruits, en un mot de produits susceptibles de se détériorer dans une route trop longue. C'est de la sorte que certaines de nos compagnies trouvent dans cette circulation agricole leurs bénéfices les plus nets. Les chemins de fer, en offrant à la culture de rapides et puissants moyens de transport, qui lui manquaient totalement dans notre pays, où le système de navigation intérieure a toujours été fort incomplet, lui ont rendu d'importants services, car la condition expresse du progrès agricole est un débit avantageux. Nos compagnies n'ont pas tout fait néanmoins pour l'agriculture. Les tarifs ont été, il est vrai, adoucis pour elle. Il n'est pas de denrées, blé, animaux, légumes, fruits, qui ne soient transportées à prix réduits, pourvu que l'expéditeur livre un certain poids minimum, qui est d'ordinaire la charge complète d'un wagon. Or c'est contre cette condition que réclame justement la petite culture, car elle est toujours impuissante à livrer isolément ce poids minimum. Peut-elle fournir à la fois des bœufs par dizaine, ou des parcs entiers de moutons? Peut-elle apporter à la gare assez de lait, assez de produits de son petit domaine? Il lui faut recourir au commerçant intermédiaire, qui seul bénéficie de la réduction. Beaucoup de mesures excellentes en elles-mêmes, telles que l'établissement de marchés à la criée dans les villes principales, qui avaient pour but la suppression d'intermédiaires trop nombreux entre le producteur et le consommateur, n'ont produit jusqu'ici que des avantages fort incomplets pour l'un et pour l'autre, par l'impuissance où s'est trouvée la production au détail de parvenir jusqu'à la consommation au détail. Les compagnies auraient certainement un avantage réel à développer l'activité de leurs transports par la modération de leurs tarifs : elles le reconnaissent elles-mêmes, les effets de notre réforme postale ont suffi pour les en convaincre; mais elles allèguent que leur personnel et leur matériel, encore insuffisants pour réaliser une spéculation aussi avantageuse, les obligent à la différer.

Le développement de la production agricole, qui est d'un intérêt capital pour notre marine, viendra surtout de l'augmentation des substances fertilisantes qui servent à régénérer le sol épuisé par une série de récoltes.[1] Tout ce que rejette la vie animale nourrit, on le sait, fort activement la vie végétale; mais il est encore des substances minérales, la chaux, les marnes, le plâtre, les phosphates, qu'il est utile de mélanger au sol, pour lui donner des éléments qui lui manquent, ou lui restituer ceux qu'il aurait perdus. L'extraction ou la fabrication de ces amendements est en général peu coûteuse; le prix du transport seul règle les avantages qu'en peut offrir l'emploi dans la culture. Lorsqu'elle n'a pour tous moyens de transport que les charrois par les routes ou par les chemins, la distance limitée à laquelle ils cessent de pouvoir être avantageusement employés est

---

1 Le triste état d'épuisement où se trouvent encore réduites certaines parties de l'Italie, de la Sicile, de l'Asie-Mineure, en un mot les provinces les plus peuplées dans l'antiquité, prouve combien il importe de réparer par des engrais les pertes de la terre, autant pour le rendement présent que pour la conservation de la richesse à venir. Les anciens faisaient cultiver principalement par les bras des esclaves ou des colons; ils consommaient en outre peu de viande, à raison surtout de la chaleur du climat, qui a maintenu cette abstinence dans ces pays jusqu'à nos jours. Pour ce double motif ils entretenaient peu d'animaux domestiques, par suite ils ne pouvaient recueillir dans leurs fermes qu'une très faible quantité de fumiers. La stérilité qui en est résultée a dû contribuer pour beaucoup à la démoralisation et au découragement du bas peuple, et intervenir de la sorte parmi les causes multiples qui ont amené la chute de l'empire romain.

fort restreinte : six kilomètres au plus, s'il s'agit de chemins vicinaux ordinaires, avec des pentes raides; dix kilomètres, s'il existe des routes bien entretenues, et en plaine. Les chemins de fer peuvent étendre cette limite. Quelques-uns transportent ces amendements avec une importante réduction dans leurs tarifs. Ainsi la Sologne reçoit de la marne à toutes ses stations au prix avantageux de 2 fr. 50 cent, le mètre cube; mais l'usure du matériel et de la voie rend le transport de ces matériaux plus coûteux par voie de fer que par voie d'eau, d'autant plus qu'il n'est point question pour eux ni de temps ni de vitesse.

Notre culture n'a fait jusqu'ici qu'un usage très restreint de ces amendements, alors même que, voisine de la mer, des fleuves ou des canaux, elle pouvait profiter de ces moyens économiques de transport : c'est que jusqu'ici ses profits n'ont pas été assez considérables pour lui permettre de se constituer des avances d'argent; mais un temps viendra où elle fera un emploi presque général, ou du moins fort étendu et fort abondant, des amendements calcaires. Alors notre cabotage et notre batellerie trouveront dans ces transports de matières fertilisantes des éléments d'activité sur lesquels ils ne comptent probablement pas. Cette augmentation sera certainement plus considérable que celle dont nous avons été témoins depuis la création des chemins de fer. Donnez du temps à l'agriculture, après l'avoir dégagée des difficultés de vente actuelles, et elle saura alimenter l'une et l'autre industrie. Les bateaux et les wagons seront à peine vides de ce qui sert à produire, qu'elle les chargera de ce qui a été produit.

Le travail national ne peut que gagner à la concurrence des voies ferrées et des voies navigables. L'agriculture, qui entre toutes les industries a le plus de masses à mouvoir, doit surtout redouter l'anéantissement de l'un des deux concurrents, ce qui aurait pour effet immédiat d'amener l'encombrement de l'autre, et de lui faire perdre ses qualités précieuses de vitesse et de sécurité dans la circulation. C'est à l'état d'encourager le cabotage par le dégrèvement des droits de port et de navigation, par l'amélioration des voies navigables. Sa sollicitude à cet égard sera d'autant plus vive qu'il s'agit d'assurer du travail à la partie de notre population maritime qui se livre au cabotage. La classe si méritante des gens de mer est digne d'un intérêt d'autant plus grand que l'aptitude à son métier la rend inhabile à tout autre emploi.

Jusqu'à ce jour il y a eu, sinon de la froideur, du moins peu d'empressement de la part de nos capitaux à se porter vers les entreprises maritimes; n'est-ce pas là une analogie de plus avec l'attitude qu'ils gardent vis-à-vis de l'agriculture? Il existe du reste une grande ressemblance dans la manière dont ces deux industries sont constituées chez nous. Ainsi, lorsqu'on jette les yeux sur le classement d'après leur tonnage des navires de notre marine, et qu'on voit la faible part des bâtiments d'une grande capacité qui représentent la grande exploitation dans le travail maritime, on croirait en vérité parcourir la matrice cadastrale de notre propriété foncière, où la petite exploitation figure de même pour une imposante majorité. Notre marine comptait, à la fin de 1857, un effectif de 15,175 navires. Dans ce nombre, 63 seulement ont un tonnage (tonnage officiel toujours plus faible que la capacité réelle) supérieur à 700 tonneaux; c'est ce que l'on pourrait appeler la grande exploitation. La moyenne exploitation, comprenant les navires d'une capacité variable de 600 à 300 tonneaux, compte 746 bâtiments. Après ces deux classes de navires, qui sont généralement des trois-mâts, arrive la flottille nombreuse des bricks, goélettes, chasse-marée, sloops, cotres, lougres, chaloupes et gabares, en tout 2,328 bâtiments de 300 à 100 tonneaux, et 12,038 d'un tonnage inférieur à 100. Cette bande nombreuse de petites voiles se renforce de 7,286 bateaux de pêche. Tel est l'état de la petite exploitation dans la marine, je pourrais même dire de la petite propriété, car si les bâtiments des deux premières classes appartiennent en général à des armateurs, et prennent leur équipage à gages, à peu près aux mêmes conditions de solde que la flotte, ceux de la dernière sont le plus souvent la propriété en tout ou du moins en partie du patron, et les quatre ou cinq hommes qui forment l'équipage participent fréquemment aux bénéfices grands ou petits du navire, comme ils en partagent les périls. C'est une sorte de métayage. Cette petite propriété est constituée par les épargnes de la population maritime. Le matelot aspire à la possession du flottant abri qui le reçoit avec autant d'ardeur que le cultivateur convoite le champ de son dur labeur. L'un et l'autre établissent ainsi une distinction bien tranchée entre eux et l'artisan des villes, plus rarement disposé à consacrer à son industrie la part du salaire qu'il peut économiser.

Félix Vidalin

Beaucoup de ces petits navires sont le patrimoine indivis d'une même famille.

Sur terre comme sur mer, la petite exploitation est chez nous la loi commune : nous devons nous en féliciter. Certes, la petite exploitation est inférieure à la grande par certains côtés : elle est ex- posée à manquer de capitaux et d'une direction intelligente; mais elle a bien son mérite, sa supériorité même. Si elle n'atteint pas toujours le maximum des bénéfices réalisables, elle est plus économe, plus modeste : elle se contente d'un faible salaire; elle végète souvent, mais du moins elle vit là où une grande entreprise se ruinerait. Il faut donc que la petite propriété et la petite exploitation continuent à se développer dans la marine comme dans la culture; elles y entretiendront beaucoup d'hommes libres, susceptibles de se diriger eux-mêmes, et surtout capables de plus de travail et de moralité. L'argent circulera peut-être moins dans la nation, mais elle sera tranquille et forte.

Il existe donc en France plus d'un lien sympathique entre l'agriculture et la marine. L'intérêt ne les unit pas moins étroitement. L'abondante production de l'une fera le profit de l'autre, toutes deux s'unissent pour réclamer l'amélioration de la législation commerciale, l'exonération des métaux, de la fonte, du fer, de l'acier, qui sont indispensables à l'une et à l'autre. De telles mesures leur assureraient tout un avenir de prospérité, ouvert à l'origine par deux grands hommes, Colbert, qui fonda la marine commerciale, et Turgot, qui rendit libre à l'intérieur le commerce des produits agricoles, et dont il faut étendre les réformes au commerce extérieur.

Quelques mots suffiront pour résumer cette étude. Nous sommes un pays essentiellement agricole. Nous manquons du charbon, qui est le souffle vivifiant de l'industrie, du fer, qui en est l'arme indispensable; mais Dieu nous a libéralement réparti le soleil, la terre et l'eau. Il nous a placés dans une admirable situation pour user de ces avantages : à nous de faire le reste. Le passé de notre culture a été misérable, parce que, faute de moyens de transports, faute d'une nombreuse classe de consommateurs aisés, elle ne pouvait ni écouler ni vendre ses produits. Le présent s'améliore toutefois, il garantit l'avenir. Dans le nord et le centre, la grande culture s'organise avec les moyens d'action qui lui sont propres;

dans le midi, pays des fruits et de la vigne, terre promise de la petite culture, celle-ci s'installe lentement, mais sûrement. Nous sommes baignés par les mers les plus commerçantes; nous avons des ports suffisants; notre population maritime pourrait, grâce à l'emploi de la vapeur, à l'usage des grands navires, suffire à un commerce triple. Nos matelots ont les deux qualités essentielles : ils sont disciplinés et durs à la fatigue. Leurs chefs commencent leur instruction sur la flotte, ils la finissent dans les écoles spéciales établies dans chaque port; ils forment un cadre d'officiers sans pareils pour l'activité et l'habileté. L'agriculture nous offre donc les éléments d'une production abondante, la marine les moyens d'une exportation assurée. Le lien qui les unit, le commerce, sera moins timide ou moins indolent, il faut l'espérer, lorsqu'il aura été dégagé des entraves douanières trop tendues qui l'embarrassent chez nous et à l'étranger. Dans l'état actuel, deux mesures importent surtout à la prospérité de l'une et l'autre industrie. La première, c'est la garantie de la liberté d'exportation, et par contre, l'admission de tous les produits agricoles à l'importation avec un simple droit réduit à un impôt équitable. La seconde dépend moins de notre volonté : il s'agirait de l'abaissement des droits prohibitifs qui frappent nos vins à certaines frontières étrangères. C'est le but que la marine et l'agriculture ne doivent jamais perdre de vue, car chaque dégrèvement obtenu sera pour elles une inappréciable conquête.

www.ingramcontent.com/pod-product-compliance
Lightning Source LLC
Chambersburg PA
CBHW050252230526
45470CB00005B/2230